# 100
## faszinierende Tatsachen

# PIRATEN

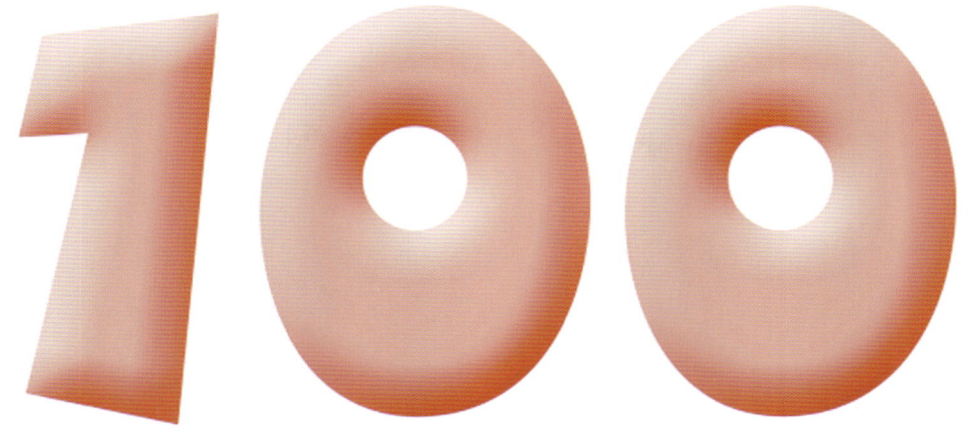

# 100
## faszinierende Tatsachen
# PIRATEN

## Andrew Langley

Berater: Richard Tames

Übersetzt von Wiebke Krabbe

## DANKSAGUNG

Der Herausgeber dankt den folgenden Künstlern für ihre Mitarbeit
an diesem Buch:

Chris Buzer / Studio Galante     Andy Lloyd-Jones / Allied Artists
Mark Davis / Mackerel     Janos Marffy
Nicholas Forder     Roger Payne / Linden Artists Ltd
Mike Foster / Maltings Partnership     Eric Rowe / Linden Artists Ltd
Terry Gabbey / AFA     Martin Sanders
Luigi Galante / Studio Galante     Peter Sarson
Peter Gregory     Rob Sheffield
Brooks Hagan / Studio Galante     Francesco Spadoni / Studio Galante
Steve Hibbick/ S.G.A.     Roger Stewart
Richard Hook / Linden Artists Ltd     Rudi Vizi
John James / Temple Rogers     Mike White / Temple Rogers

# Inhalt

# Die Welt der Piraten

**1** **Ein Pirat ist ein Seeräuber.** Piraten überfallen Schiffe und Häfen, sie rauben Schätze und andere Dinge. Kaum gab es die ersten Frachtschiffe, tauchten auch die ersten Piraten auf. Und es gibt sie noch heute. Vor etwa 500 Jahren gab es in manchen Gebieten besonders viele Piraten. Die „Korsaren" kaperten Schiffe im Mittelmeer. Die „Bukanier" der Karibik griffen Galionen voller Schätze auf dem Weg nach Europa an. Auch der Indische Ozean und das Südchinesische Meer waren für Handelsschiffe gefährliche Gewässer.

# Terror vom Meer

**2** Die griechischen Inseln waren die Heimat einer der ersten bekannten Piratenflotten. Um 500 v. Chr. verkehrten viele Handelsschiffe an der Mittelmeerküste. Sie waren eine leichte Beute für Piraten, die ihre Ladungen aus Silber, Kupfer und Bernstein (ein wertvolles, versteinertes Harz) raubten und dann in ihren Schlupfwinkeln zwischen den Inseln verschwanden.

**3** 67 v. Chr. schickte der römische Feldherr Pompejus eine große Flotte aus, um die Piraten des Mittelmeers zu vernichten. Sie begannen, die Stadt Rom zu bedrohen, weil sie Getreidevorräte stahlen. Für einige Jahre hatten die Römer Ruhe vor den Piraten.

**4** Die Piraten des Altertums benutzten kleine, schnelle Schiffe mit flachen Rümpfen. Sie waren leicht zu steuern und konnten sich in kleinen Buchten und Mündungen verstecken, wo größere Schiffe nicht hinkamen.

## BILDERRÄTSEL

Triremen nannte man diese Schiffe, mit denen die Griechen die Piraten bekämpften. Sie hatten an jeder Seite drei Ruderreihen. Zähl einmal nach, wie viele Ruderer dieses Schiff vorwärts bewegten.

60 Ruderer trieben das Schiff an.

**5** Julius Cäsar wurde im Alter von 25 Jahren von Piraten gefangen genommen. Noch als Gefangener versprach er, dass er zurückkehren und sie alle töten werde. Als er schließlich befreit wurde, löste er sein Versprechen ein. Die Piraten wurden von Cäsars Truppen gefangen und hingerichtet.

**6** Die Wikinger segelten über die Nordsee und griffen Siedlungen an der britischen Küste an. Horden von bis zu 50 Wikingern mit Streitäxten und zweischneidigen Schwertern überfielen die Briten. Mit ihren schnellen, flachen Langbooten konnten sie sogar in Flüsse segeln und Dörfer an den Ufern überfallen.

# Die Piraten des Mittelmeers

**7** Die Piraten des Mittelmeers nennt man auch „Korsaren". Die berühmtesten Korsaren waren die „Barbaresken" von den Küsten Nordafrikas. Sie überfielen besonders gern christliche Schiffe. Die christlichen Piraten kämpften erst aus Glaubensgründen, später aus Beutegier gegen sie.

**8** Die Korsaren raubten keine Schätze, sondern Menschen. Gewöhnliche Gefangene verkauften sie als Sklaven oder zwangen sie zur Arbeit auf den Galeeren. Reiche Gefangene waren wertvoller, weil sie den Korsaren ein Lösegeld einbrachten.

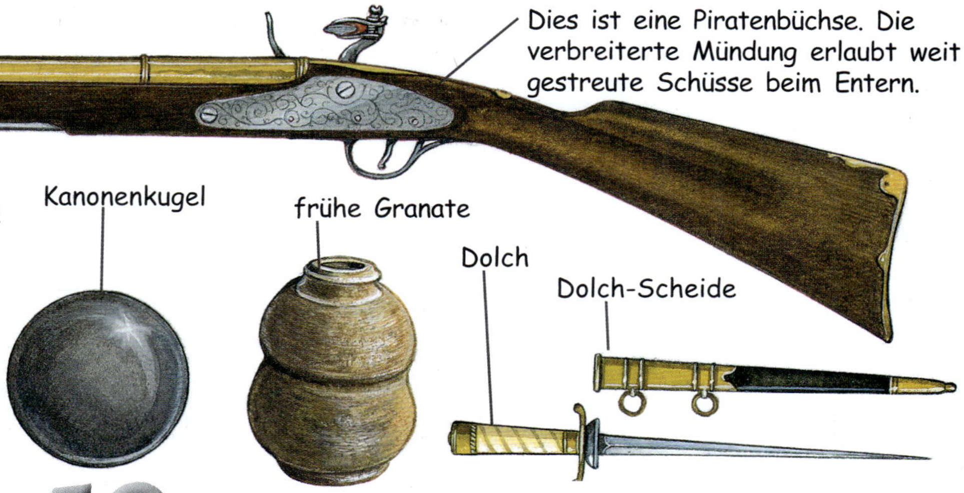

Dies ist eine Piratenbüchse. Die verbreiterte Mündung erlaubt weit gestreute Schüsse beim Entern.

Kanonenkugel

frühe Granate

Dolch

Dolch-Scheide

**9** **Am Bug hatten die Galeeren der Korsaren einen massiven Dorn.** Diesen rammten sie gegnerischen Schiffen in die Seite. Dann sprangen Soldaten – Janitscharen genannt – an Bord und überwältigten die Feinde.

**10** **Die Korsaren fochten mit gefährlichen Krummsäbeln.** Moslemische Handwerker stellten die schärfsten und schönsten Klingen der Welt her. Manche Korsaren trugen auch Musketen. Die Galeeren waren mit kleinen Messingkanonen bewaffnet.

**11** **Die beiden ge-fürchtetsten Korsaren waren die Brüder Barbarossa.** Einer griff die Schiffe des Papstes an und eroberte sogar die Stadt Algier in Nordafrika, wo er aber 1518 getötet wurde. Der andere Bruder verbündete sich mit dem türkischen Herrscher.

### KAUM ZU GLAUBEN!

Barbarossa war nicht der richtige Name der beiden. Ihre Feinde hatten ihnen wegen der Farbe ihrer Bärte diesen Namen gegeben. Barbarossa ist Lateinisch und bedeutet „Rotbart".

# Von Korsaren gefangen

**12** **Das Leben eines Galeerensklaven war schrecklich.** Die Ruder waren so groß und schwer, dass sechs Mann nötig waren, um sie zu bewegen. Die Sklaven wurden an die Ruderbänke gekettet. Zwischen den Reihen stand ein Aufseher. Er schlug die Männer mit der Peitsche, um sie anzutreiben.

▼ Die einzige Fluchtmöglichkeit für Sklaven bestand darin, ein Boot zu stehlen oder selbst zu bauen und in See zu stechen.

**13** **An Land lebten die Gefangenen in einem Lager, Bagno genannt.** Sie waren mit Eisenringen am Fußknöchel festgekettet und bekamen nur eine Decke zum Schlafen. Wenn sie nicht gerade auf den Galeeren ruderten, mussten sie im Steinbruch arbeiten. Außer Brot gab es kaum Nahrung und viele der Sklaven starben in der Gefangenschaft.

**14** **Viele Sklaven versuchten zu fliehen.** Manche gingen landeinwärts, fanden aber nur Wüste ohne Nahrung und Wasser vor. Der einzige Fluchtweg führte über das Meer. Nur wenige entkamen.

**15** Es gab auch christliche Korsaren. Sie fanden Unterschlupf und Unterstützung bei den Kreuzrittern auf der Insel Malta, die für einen Sieg über die Moslems kämpften. Auch die Malteser Korsaren setzten Galeeren mit rudernden Sklaven ein, und sie waren ebenso grausam wie ihre Feinde aus Nordafrika.

▼ Englische und holländische Schiffe beschießen die Stadt Algier mit Kanonen, um die Korsaren zu besiegen und die Gefangenen zu befreien.

## QUIZ 1

1. Wer wurde im Alter von 25 Jahren von Piraten gefangen?
2. Wie nannte man die Schiffe der Wikinger?
3. Wie nannte man die Piraten des Mittelmeers?
4. Wer machte die schärfsten Klingen der Welt?
5. Was ist ein Bagno?

1. Julius Cäsar 2. Langboote 3. Korsaren 4. Die Moslems 5. Gefangenenlager für Sklaven

**16** 1816 bombardierte eine Flotte aus englischen und holländischen Schiffen Algier. Sie befreiten mehr als 3000 Sklaven. 1830 marschierten französische Truppen in Algier ein und machten der Piraterie ein Ende.

**17** Einige Korsaren griffen Länder in weiter Ferne vom Mittelmeer an. Murad Rais segelte 1627 bis Island. Unter seiner Beute fanden sich Stockfisch und Leder.

# Die Karibik

**18** Vom frühen 16. Jahrhundert an beförderten spanische Galionen gewaltige Schätze über den Atlantik. Die großen Schiffe mit ihrer Ladung aus Gold, Silber und Edelsteinen aus Amerika waren gut bewaffnet. Sie waren aber auch schwer und langsam und lockten Piraten geradezu an.

**19** François Le Clerc war einer der ersten und grausamsten Piraten der Karibik. Wegen seines Holzbeins wurde er auch „Jambe de Bois" genannt. Er plünderte die Küstenstädte der Insel Hispaniola, die heute Kuba heißt. Er besetzte sogar den Hafen von Havanna und verlangte ein riesiges Lösegeld. Als er es nicht erhielt, brannte er die Stadt und die Schiffe im Hafen nieder. Dann zündete er auch die Umgebung an.

▶ Die ersten spanischen Soldaten, die Südamerika erobert hatten, nannte man „Conquistadores". Sie bewachten auch die Schätze und begleiteten die Transportschiffe, doch den Piraten waren sie nicht gewachsen.

## BILDERRÄTSEL

Kannst du die verschiedenen versteckten Schätze auf dieser Galione entdecken?

Wer genau hinsieht, findet Goldbarren, Edelsteine und Münzen.

## 20
Bald stellten die Spanier ihre Galionen zu größeren Flotten zusammen, weil einzelnen Schiffen weitaus größere Gefahr von den Piraten drohte. Jedes Jahr kamen zwei große Flotten. Eine wurde in Mexiko mit Schätzen beladen. Die andere lud in Panama Silber aus Peru, das über Land hierher transportiert worden war, sowie Schätze, die von den Philippinen über den Pazifik gekommen waren. Kleine, schwer bewaffnete Kriegsschiffe begleiteten die Schatzschiffe auf der Heimreise.

Schatzschiffe

bewaffnete Kriegsschiffe

▲ Die großen Schatzschiffe in der Mitte wurden auf der Heimreise über den Atlantik von schwer bewaffneten Kriegsschiffen geschützt.

# Hunde des Meeres

**21** John Hawkins überfiel viele Schatzschiffe in der Karibik. Aber er nannte sich nicht Pirat. Er besaß einen Brief von Königin Elisabeth I. von England, der ihm erlaubte feindliche Schiffe anzugreifen. England und Spanien standen nicht im Krieg, waren aber Feinde. Besitzer eines solchen Kaperbriefes nannte man „Freibeuter".

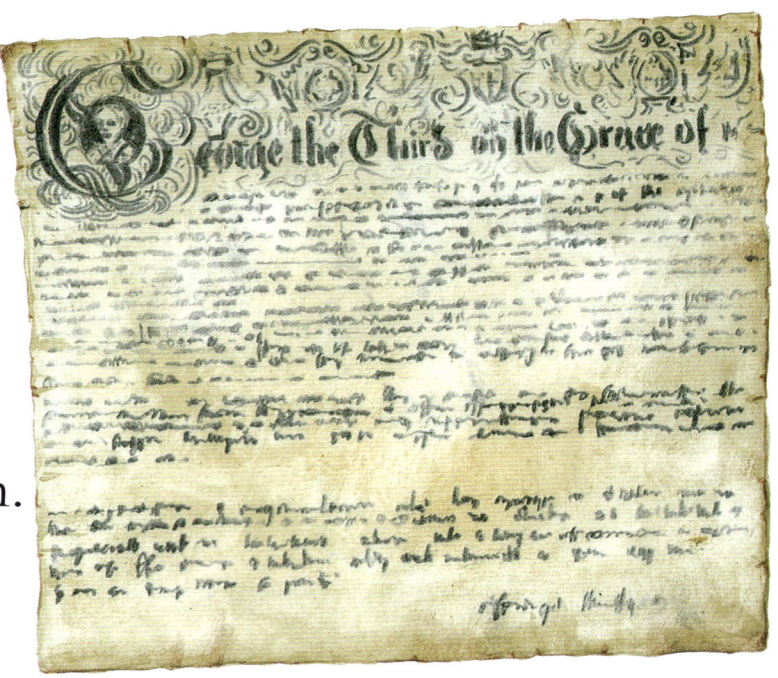

▲ Dieser Freibrief wurde von König Georg III. von England ausgestellt. In echten Kaperbriefen war genau festgelegt, welche Schiffe angegriffen werden durften.

▲ Der Sklavenhandel dauerte mehrere Jahrhunderte. Etwa 70 000 Menschen wurden alljährlich unter furchtbaren Bedingungen als Sklaven verschifft, insgesamt 15 Millionen. Viele starben schon auf der Überfahrt.

**22** Hawkins wurde durch seine Reisen reich. Zuerst segelte er nach Westafrika, wo er 400 Menschen als Sklaven an Bord nahm. Dann fuhr er in die Karibik, wo er sie gegen Gold, Silber und Perlen eintauschte.

**23** Walter Raleigh fand kein Gold in Südamerika. Er unternahm zwei Reisen, um das sagenhafte goldene Land El Dorado zu finden, doch ohne Erfolg. Als er zurückkehrte, wurde er geköpft.

## 24

Francis Drake war der berühmteste der englischen „Hunde des Meeres". Sein Name bedeutet übersetzt „Enterich". Mit 14 ging er zur See, später schloss er sich den Freibeutern um seinen Cousin John Hawkins an.

▲ Die Route von Drakes dreijähriger Reise um die Welt

## 26

1572 griff Drake spanische Siedlungen in Panama an. Er überfiel bei Nombre de Dios einen Maultiertreck mit einer Silberladung. Als erster Engländer sah er den Pazifischen Ozean und schwor, eines Tages dorthin zurückzukehren.

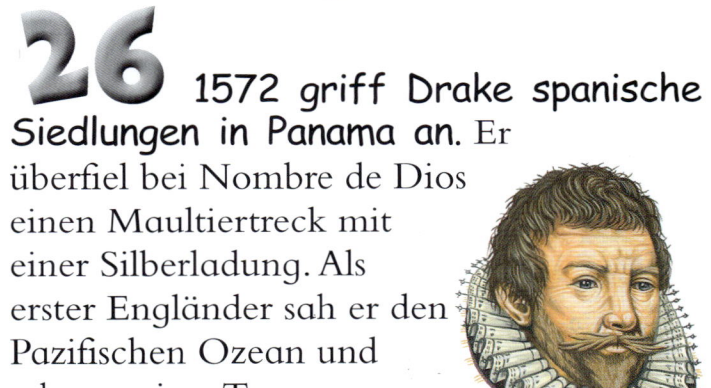

## 25

Drakes erstaunlichste Leistung war seine Reise um die Welt. 1577 stach er in See und fand tatsächlich einen Weg in den Pazifik. Hier kaperte er das riesige spanische Schiff „Cacafuego" mit einer Ladung im Wert von mehr als 15 Millionen Euro. Als Drake 1580 nach England zurückkehrte, waren auch seine beiden anderen Schiffe randvoll mit Reichtümern.

### KAUM ZU GLAUBEN!

Als Drake die Schatzkammern von Nombre de Dios überfiel, griff er bei Nacht an, besiegte und entwaffnete die Wachen. Als die Kammern geöffnet wurden, waren sie leer.

# Schweinejäger

**27** Die Piraten der Karibik nannte man „Bukanier". Ursprünglich waren es Herumtreiber und Verbrecher von der Insel Hispaniola, dem heutigen Kuba. Sie jagten Wildschweine, die sie über Holzfeuern brieten.

**28** Um 1630 vertrieben die Spanier die Bukanier und töteten alle Wildschweine. Die Banden, die nun nichts mehr zu essen hatten, wurden zu Piraten und griffen vorbeifahrende spanische Handelsschiffe an.

**29** Der erste Schlupfwinkel der Bukanier war die kleine Felseninsel Tortuga. Sie hatte einen geschützten Naturhafen und lag nahe an der Hauptschifffahrtslinie. Die Bukanier bauten auf Tortuga eine Festung mit 24 Kanonen, die sie aufs Meer richteten.

**30** Henry Morgan war anfangs Freibeuter, später wurde er ein berühmter Anführer der Bukanier. 1668 führte er eine Armee über Land, um die Stadt Portobello auf Kuba zu plündern. Zwei Jahre später eroberte er Panama Stadt und öffnete damit den Piraten den Weg in den Pazifik.

## BILDERRÄTSEL ☠

In diesem Bild sind sechs Piratenwaffen versteckt. Findest du einen Krummsäbel, einen Dolch, eine Pistole, eine Muskete, eine Axt und eine Bombe?

**31** Der Name François L'Olonnais brachte die Spanier zum Zittern. Dieser Bukanier war für seine Herzlosigkeit und Grausamkeit so berühmt, dass viele Schiffsmannschaften sich sofort ergaben, wenn sie ihn erkannten.

**32** Die Bukanier erfanden sogar ein spezielles Schwert, das Entermesser. Aus den Messern, mit denen sie Wildschweine geschlachtet hatten, entwickelte sich bald ein kurzes, breites Schwert, das viele Piraten übernahmen und als wichtigste Waffe trugen.

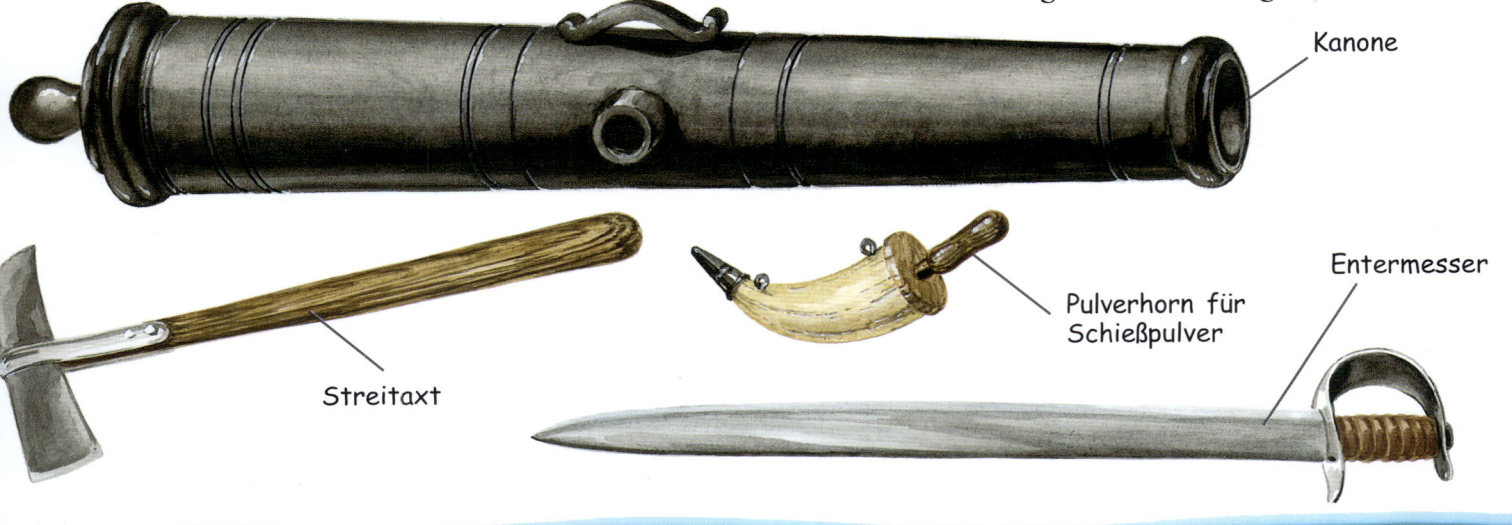

Kanone

Streitaxt

Pulverhorn für Schießpulver

Entermesser

# Piratennester

**33** **Um 1650 siedelten die meisten Bukanier in einen neuen Schlupf-winkel auf Jamaika um.** Das war Port Royal am Ende einer schmalen Land-zunge. Dort gab es eine Festung zum Schutz der Hafeneinfahrt und Werften, um die Schiffe zu reparieren. Die Eng-länder, die Jamaika regierten, kamen den Bukanier nicht in die Quere.

**34** **Port Royal war eine wilde und reiche Stadt.** Die Bukanier brachten ihre Beute in den Hafen und verkauften sie an Händler. Das Geld gaben sie in der Stadt mit vollen Händen für ihr Vergnügen aus. In den 44 Gasthäusern der Stadt wimmelte es von Betrunkenen, Taschendieben, entlaufenen Sklaven und Piraten. Ein Bewohner schrieb, dass die Bukanier „leicht einmal 3000 Acht-Reales-Stücke (Silbermünzen) in einer Nacht ausgaben". Das sind ungefähr 50 000 Euro.

**35** 1692 wurde Port Royal durch ein schweres Erdbeben zerstört. Häuser fielen zusammen, zwei ganze Straßen wurden vom Meer verschluckt. Dann schlug eine große Flutwelle über die Stadt. 4000 Menschen kamen dabei um. Viele meinten, das sei Gottes Strafe für die Übeltaten der Piraten gewesen.

## QUIZ 2

1. Welches Fleisch aßen die ersten Bukanier?
2. Auf welcher Insel lebten sie?
3. Welche Waffe erfanden die Bukanier?
4. Wohin fuhren die Galionen mit den Schätzen?
5. Was sind Acht-Reales-Stücke?

1. Wildschwein 2. Hispaniola 3. Entermesser 4. Spanien 5. Silbermünzen

# Insel der Diebe

**36** Jahrhundertelang gab es Piraten im Indischen Ozean. Von den Häfen an der indischen Küste stachen über 100 Piratenschiffe in See. Im Sommer machten sie Jagd auf allein segelnde Handelsschiffe.

**37** Als portugiesische Seefahrer in den Indischen Ozean kamen, wurden auch sie bald zu Piraten. Von etwa 1500 an segelten portugiesische Schiffe von Afrika nach Indien und weiter in den Fernen Osten. Sie stahlen den arabischen Händlern Seide, Gewürze, Juwelen und Gold.

**38** Die exotischen Schätze des Ostens lockten bald viele Bukanier an. Sie zogen von der Karibik in den Indischen Ozean und ließen sich auf der Insel Madagaskar nieder. Die wilde, unerforschte Insel bot viele Schlupfwinkel.

▲ Die große Insel Madagaskar liegt vor der Südostküste Afrikas. Mit ihrer wilden, bewaldeten Küste war sie ein idealer Stützpunkt für Piraten.

**39** William Kidd war anfangs Piratenjäger, doch er wurde zum Piraten. 1696 wurde er ausgeschickt, um im Indischen Ozean Piraten zu jagen. Doch bald griff Kidd selbst Handelsschiffe an, darunter die „Queddah Merchant", deren Ladung er für viel Geld verkaufte. Zurück in England, wurde er gehängt. Zur Abschreckung ließ man seinen Körper jahrelang in einem Käfig am Themseufer hängen.

**40** Henry Every, auch bekannt als Long Ben, war ein besonders berüchtigter Pirat. Er überfiel im Roten Meer eins der größten indisch-arabischen Schiffe seiner Zeit und folterte die Passagiere, darunter auch Frauen. Viele sprangen über Bord.

**41** Kanhoji Angria war der größte Pirat des Indischen Ozeans. Er stach von der indischen Westküste aus in See und kaperte vorbeifahrende Handelsschiffe. Er baute mehrere Festungen an der Küste und widerstand der britischen Marine. Seine Anhänger nannte man „Angrias".

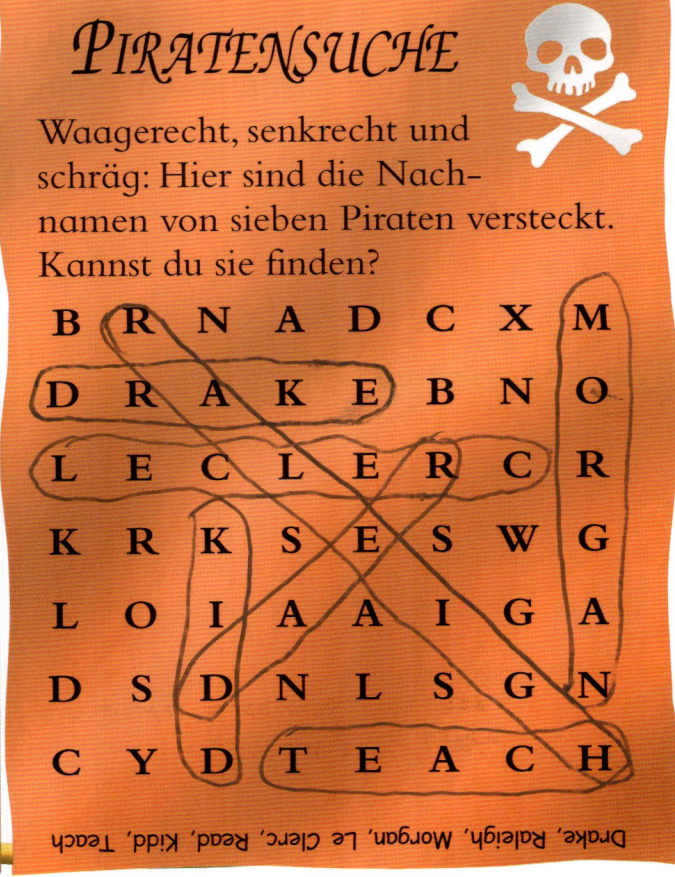

## PIRATENSUCHE

Waagerecht, senkrecht und schräg: Hier sind die Nachnamen von sieben Piraten versteckt. Kannst du sie finden?

B R N A D C X M
D R A K E B N O
L E C L E R C R
K R K S E S W G
L O I A A I G A
D S D N L S G N
C Y D T E A C H

Drake, Raleigh, Morgan, Le Clerc, Read, Kidd, Teach

# Dschunken und Auslegerboote

**42** Das Südchinesische Meer war ein ideales Gebiet für Piraten. Ein Labyrinth aus kleinen Inseln, Mangrovensümpfen und schmalen Meeresarmen bot gute Verstecke, um den zahlreichen Handelsschiffen aufzulauern. Die chinesischen Piraten waren gefürchtet.

**43** Chinesische Piraten benutzten Segelschiffe, die man Dschunken nennt. Oft waren es gekaperte Handelsschiffe mit drei Masten und quadratischen Segeln aus Bambus. Der Kapitän lebte mit seiner Familie in der Achterkajüte, die Mannschaft schlief meist an Deck. Dschunken waren mit Kanonen bewaffnet.

▶ Jahrhundertelang segelten die Chinesen mit Dschunken. Schon um 1400 kommandierte Admiral Zheng He seegängige Dschunken, die fünfmal größer waren als europäische Schiffe dieser Zeit.

**44** Cheng Chih-lung war der erste große Piraten-Anführer. Mit seiner Flotte aus über 1000 Dschunken verbreitete er vor der chinesischen Küste Angst und Schrecken.

▲ Mit ihren Dschunken-Flotten beherrschten chinesische Piratenkapitäne wie Cheng Chih-lung und Shap-'ng-Tsai das Südchinesische Meer und den Indischen Ozean.

## QUIZ 3

1. Welches ist kein Schiffstyp? Galione, Dschunke, Dolle, Galeere, Auslegerboot

2. Welches ist keine Piratenwaffe? Muskete, Sumpitan, Entermesser, Langbogen, Parang

3. Woher kamen die Balanini-Piraten?

1. Dolle 2. Langbogen 3. Von den Sulu-Inseln

**45** Die Balanini-Piraten kamen von den Sulu-Inseln. Sie segelten in kleinen, sehr schnellen Booten mit einem zweiten, kleineren Rumpf, dem so genannten Ausleger. Sie entführten die Bewohner umliegender Inseln und verkauften sie als Sklaven auf dem Festland.

**46** 1849 wurden britische Schiffe entsandt, um die letzte große Piratenflotte zu vernichten. Über 1000 Meilen weit jagten sie die Dschunken unter dem Kommando von Shap-'ng-Tsai, ehe sie ihn erwischten. Sie schossen die Dschunken zu Trümmern und töteten mehr als 1800 Piraten. Shap-'ng-Tsai entkam, doch die Bedrohung war gebannt – fürs Erste.

**47** Die Südseepiraten benutzten Furcht erregende Waffen. Sie schossen Giftpfeile mit Blasrohren, die man Sumpitan nannte. Sie schwangen rasiermesserscharfe Schwerter, die Parang hießen, und Messer namens Kris. Manche hatten gerade Klingen, andere waren gewellt. Wieder andere waren am Griff gerade und hatten an der Spitze einen Haken. Einige Waffen waren mit menschlichen Haarbüscheln verziert.

◀ Der Kris ist ein Messer mit gewellter Klinge, das die Piraten von Borneo in einer hölzernen Scheide trugen.

# Piraten-Ladys

**48** Mary Read verkleidete sich als Mann, um auf einem Schiff anzuheuern. Ihr Schiff wurde auf dem Weg zu den Westindischen Inseln von Piraten gekapert, Mary wurde gefangen genommen. Sie schloss sich den Piraten an und wurde Freibeuterin. Später wurde sie von anderen Piraten unter „Calico Jack" Rackham und seiner Frau Anne Bonny angegriffen. Die beiden Frauen freundeten sich bald an. In einer Schlacht gegen die Briten kämpften die beiden wie die Teufel, während sich die Männer unter Deck versteckten.

▶ Als die Piratin Grace O'Malley begnadigt wurde, gab sie ihr „Geschäft" nicht völlig auf, sondern überließ es ihren Söhnen, die es weiterführten.

**49** Grace O'Malley kommandierte eine Piratenflotte an der Westküste Irlands. Als junges Mädchen ging sie zur See, später lebte sie in einer wuchtigen Burg direkt an der Küste. Ihre Flotte aus zwanzig Segelschiffen und Ruderbooten griff vorbeifahrende Handelsschiffe an. 1593 gab Grace die Piraterie auf und wurde von Königin Elisabeth I. begnadigt.

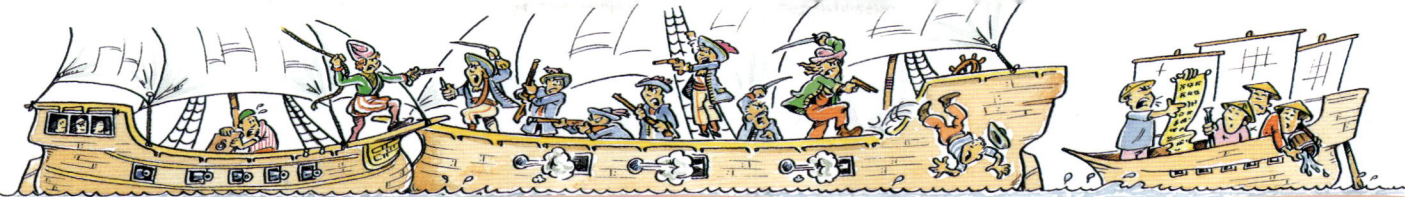

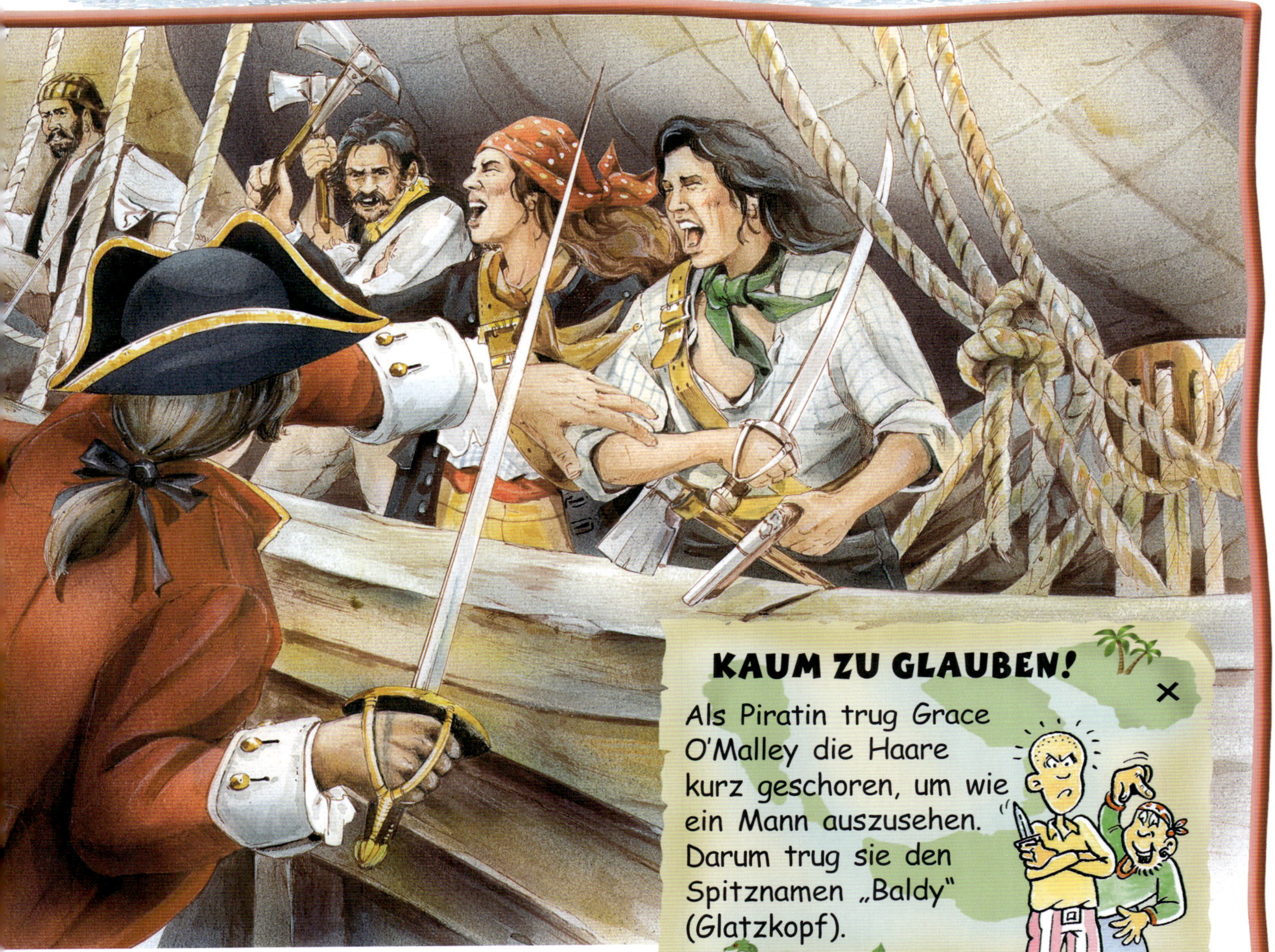

**KAUM ZU GLAUBEN!**

Als Piratin trug Grace O'Malley die Haare kurz geschoren, um wie ein Mann auszusehen. Darum trug sie den Spitznamen „Baldy" (Glatzkopf).

**50** Eine der berühmtesten Piratinnen war Cheng I. Sao. Als ihr Ehemann 1807 starb, übernahm sie seine Flotte vor der chinesischen Küste. Sie war eine erfolgreiche Kommandantin und zwang ihre Seeleute, strikte Regeln zu befolgen. Das Leben auf ihren Dschunken war nicht gerade angenehm. Ein Gefangener berichtete: „Wir lebten drei Wochen lang von gekochtem Reis mit Raupen."

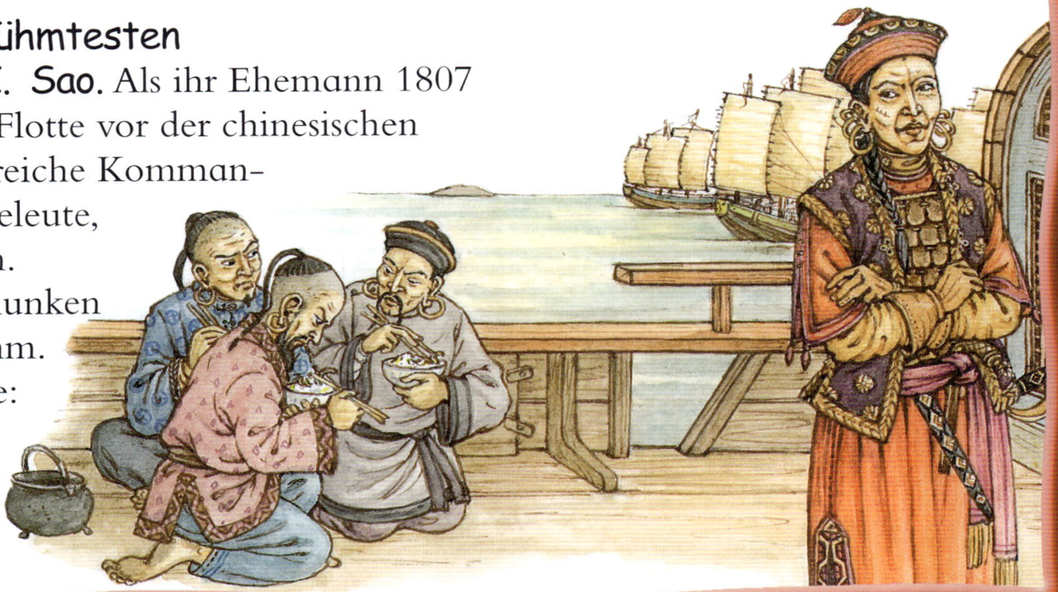

# Alle Mann an Bord!

**51** Die meisten Piratenschiffe waren klein und schnell. In der Karibik segelten viele zweimastige Schoner, aber auch Galeassen mit drei Masten. Die Kajüte des Kapitäns lag am Heck, die Mannschaft schlief mittschiffs. Beute, Schießpulver und Lebensmittel wurden im Laderaum verstaut.

Kreuz-Toppsegel Groß-Toppsegel
Großsegel
Vor-Toppsegel
Vorsegel
Heck (hinten)
Segel-kammer
Wasser und Vorräte
Ruder
Bug (vorn)
Klüverbaum

**53** Das Essen auf den Piratenschiffen war scheußlich. Der Koch war oft ein Pirat, der einen Arm oder ein Bein verloren hatte und nichts anderes mehr tun konnte. Meist gab's nur trockenen Zwieback und Salzfleisch. Wenn die Schiffe vor abgelegenen Inseln ankerten, gingen die Piraten auf die Jagd oder suchten Frischwasser.

**52** Unter Deck war es sehr eng und stickig. Weil der Platz kaum zum Aufhängen der Hängematten ausreichte, schliefen die meisten Piraten an Deck, solange das Wetter nicht zu schlecht war.

# 54

**Bei ruhigem Wetter hatten die Piraten wenig zu tun.** Sie flickten Tauwerk und Segel oder würfelten. Bei schlechtem Wetter und auf der Jagd nach Beute hatten sie alle Hände voll zu tun. Die Seeleute mussten hoch oben in der Takelage Segel reffen, von der Spitze des Großmasts Ausguck halten oder die Kanonen zum Feuern vorbereiten.

# 55

**Der Rumpf eines Schiffs musste sauber gehalten werden.** Algen und Muscheln bremsten die Geschwindigkeit. Darum zogen die Piraten ihre Schiffe regelmäßig auf den Strand, um den Bewuchs abzukratzen. Andere gingen inzwischen auf die Jagd.

# 56

**Die meisten Piraten kleideten sich wie andere Seeleute ihrer Zeit.** Sie trugen kurze, blaue Jacken, karierte Hemden und weite Baumwollhosen. Einige zogen auch erbeutete Kleidungsstücke an: Samthosen, schwarze Filzhüte, Seidenhemden und rote Jacken mit Goldknöpfen und goldenen Tressen.

▶ Meist verkauften die Piraten gestohlene Kleidungsstücke kurzerhand. Wenn ihnen aber etwas gefiel, behielten und benutzten sie es auch.

# Angriff!

**57** Zum Angriff ließ der Piratenkapitän oft eine besondere Flagge hissen. Sie war nicht unbedingt schwarz mit Totenkopf und Knochen. Die frühen Piraten hissten rote Flaggen, um ihre Opfer zu erschrecken. Erst um 1700 benutzten die Piraten schwarze Flaggen mit ihren Initialen oder anderen Erkennungszeichen.

**58** Piratenschiffe mussten schnell sein, um ihre Beute zu fangen. Besaßen sie Kanonen, zerschossen sie oft Masten und Segel ihrer Opfer. Sonst feuerten sie mit Musketen auf den Steuermann oder die Seeleute in der Take-lage, um das Beuteschiff zu verlangsamen. Oder sie beschädigten auch das Ruder, damit sich das Schiff nicht mehr steuern ließ.

**59** Piraten waren schwer bewaffnet. In der Hand trugen sie das Enter-messer, im Gürtel einen Dolch. In einem Gurt, der über der Schulter getragen wurde, steckten bis zu sechs geladene Pistolen.

**60** Wenn sie nahe genug an ihrer Beute waren, warfen die Piraten Taue mit Enter-haken in die Takelage des Opfers. Dann hatten sie das Schiff an der Angel. Die Piraten kletterten die Bordwand empor und sprangen an Deck. Manch-mal gab es blutige Kämpfe, manchmal ergab sich die verängstigte Mannschaft auch sofort.

Entwirf deine ganz persönliche Piratenflagge. Zeichne auf schwarzen Hintergrund einen Entwurf aus Totenkopf, Knochen oder anderen gruseligen Motiven. Niemand darf deine Flagge nachahmen.

**61** Viele Kauffahrer versteckten ihre wertvolle Fracht. Aber die Piraten durchsuchten alles, brachen Türen auf und rissen Wände auseinander. Manchmal folterten sie ihre Gefangenen, bis diese die Verstecke verrieten.

**62** Bartholomew Roberts war vermutlich der erfolgreichste Pirat aller Zeiten. Unter dem Namen Black Bart kaperte er in den 1720er Jahren ganze 400 Schiffe. Er war groß und stattlich wie ein Bilderbuchpirat, aber er trank nie etwas Stärkeres als Tee.

◄ Um ihre Beuteschiffe zu bremsen, zerschossen die Piraten oft die Segel und Masten.

# Piratenbeute

**63** **Alle Piraten träumten von Gold und Silber.** Manche hatten das Glück, ein Schiff voller Münzen, Goldbarren oder wertvoller Schmuckstücke zu kapern. Viele Schiffe transportierten aber bescheidenere Fracht, wie Stoffe, Kohle oder Eisen.

▲ Nachdem die Piraten ein Schiff überfallen hatten, beförderten sie die wertvolle Fracht auf ihr eigenes Schiff.

**64** **Die begehrtesten Münzen der Karibik waren „Acht-Reales-Stücke" oder schlicht Pesos.** Es waren große Silbermünzen, und eine von ihnen hätte heute einen Wert von über 15 Euro.

**65** **Seide und Porzellan waren die kostbarsten Waren aus China.** Jahrhundertelang wussten die Europäer nicht, wie Seide und Porzellan hergestellt wurden. Weil beide sehr empfindlich waren, mussten die Piraten vorsichtig sein.

**66** Auch Menschen konnten wertvoll sein. Für reiche Leute verlangten die Piraten ein Lösegeld. Wurde das Geld bezahlt, ließen sie die Gefangenen frei.

**67** Manche Schatztruhen waren voller Edelsteine. Da gab es Diamanten aus Afrika, Rubine und Saphire aus Burma, Smaragde aus Kolumbien und Perlen aus dem Persischen Golf. Oft wurde daraus prächtiger Schmuck hergestellt.

## KAUM ZU GLAUBEN!

Eine besonders wertvolle Fracht waren Gewürze von Sri Lanka. Weil sie aber schwer zu verkaufen waren, kippten die Piraten sie einfach über Bord. Es heißt, ein Strand habe knöcheltief voller Gewürze gelegen.

**68** Die Piraten brauchten auch alltägliche Dinge. Wenn sie wochenlang auf See gewesen waren, nahmen sie gern auch Nahrungsmittel, Getränke und andere Vorräte mit. Neue Gewehre, Kanonenkugeln und Schießpulver konnten sie immer gebrauchen.

▲ Die Mannschaft wartet gespannt, während der Kapitän die Beute aufteilt.

**69** Der Kapitän teilte die Beute nach strengen Regeln auf, damit sich niemand beklagen konnte. Offizieren stand mehr zu als einfachen Seeleuten. Zimmermann und Koch bekamen weniger, weil sie nicht kämpften.

# Vergrabene Schätze

**70** **Viele Piraten vergruben ihre Schätze an einem abgelegenen Ort, um später gefahrlos zurückzukehren und sie zu holen.** Nach seinem Überfall auf den Maultiertreck bemerkte Francis Drake, dass seine Schiffe außer Sicht gesegelt waren. Er befahl seinen Männern, das erbeutete Gold und Silber zu vergraben. Dann baute er ein Floß, ruderte los, fand seine Schiffe und holte sie zurück. In der Nacht gruben seine Männer die Beute aus und brachten sie an Bord.

## 71

**Man sagt, dass William Kidd vor seiner Gefangennahme einen riesigen Schatz versteckt hat.** Seine Raubzüge hatten ihm reiche Beute eingebracht, die er größtenteils verkauft oder an seine Mannschaft verteilt hatte. Als er 1699 verhaftet wurde, behauptete er, einen Schatz im Wert von 100 000 Pfund versteckt zu haben. Seitdem haben Hunderte von Menschen nach dem Schatz gesucht, aber niemand hat ihn je gefunden.

▶ Piraten lebten in einer rauen und gefährlichen Welt. Als Gesetzlose folgten sie keinen Regeln. Darum raubten sie sich auch gegenseitig ihre Beute.

## GEHEIMES VERSTECK

Lies die Wegbeschreibung genau, dann findest du den Schatz.
Geh beim halbmondförmigen Sandstreifen los. Geh zwei Felder nach Nordwesten. Geh drei Felder nach Osten. Folge dem Fluss bis ans Meer. Jetzt geh ein Feld nach Norden und zwei Felder nach Osten. Jetzt noch zwei Felder nach Norden, dann siehst du den Schatz.

Der Schatz liegt im Auge des Totenkopf-Bergs.

## 72

**1820 vergruben die Piraten der „Mary Dear" ihre Beute auf den Kokosinseln im Pazifik.** Zum Schatz gehörten 12 000 Edelsteine, 9000 Goldmünzen und sieben Kisten voll Goldschmuck. Dann zündeten die Piraten das Schiff an und ruderten in den Rettungsbooten davon. Als sie an Land gingen, wurden sie verhaftet. Keiner der Piraten kehrte zurück, um den Schatz zu bergen – und niemand hat ihn bisher gefunden.

# Einsame Inseln

**73** Manche Piratenkapitäne hatten strenge Regeln. „Black Bart" Roberts verbot Schlägereien und Glücksspiel an Bord. Nach acht Uhr abends mussten die Lampen und Kerzen gelöscht werden. Wer eine Frau mit an Bord brachte oder unerlaubt von Bord ging, wurde hingerichtet oder ausgesetzt.

**74** Ausgesetzt zu werden war ein grausames Los. Der Pirat wurde allein auf einer Insel zurückgelassen, mit einer Pistole, Munition und etwas Trinkwasser zum Überleben. Flucht war nahezu unmöglich, Nahrung schwer zu finden. Die einzige Hoffnung: ein anderes Schiff.

Selkirks Insel hieß Más a Tierra

Ziegenfelsen

NORD-AMERIKA

ASIEN

AFRIKA

SÜDAMERIKA

MÁS A TERRA

Ziegen-Gebiet

Offene Bucht

Sharpes Bucht

Windige Bucht

Zuckerwürfel-Kap

## 77

**Der berühmteste Ausgesetzte war Alexander Selkirk.** Er strandete 1704 auf einer einsamen Insel vor der chilenischen Küste und blieb dort fünf Jahre lang. Selkirk hatte Glück, weil es auf der Insel reichlich Trinkwasser, Wildschweine und Ziegen gab. Schließlich wurde er von einem englischen Schiff gerettet. Selkirks Abenteuer diente dem Schriftsteller Daniel Defoe als Vorlage für seinen Roman „Robinson Crusoe".

◄ Selkirk wurde auf einer der Juan-Fernandez-Inseln ausgesetzt. Er hatte Glück, dass es dort reichlich Nahrung und Wasser gab.

## 75

**Im Pazifik und in der Karibik gibt es Tausende kleiner Inseln.** Viele davon waren unbewohnt und lagen weit entfernt von den Schifffahrtsrouten. Die Ausgesetzten mussten Früchte sammeln, kleine Tiere jagen oder im warmen Meer fischen.

## 76

**Auch Kapitäne konnten ausgesetzt werden.** Das geschah Jeremy Rendell im Jahre 1684. Nach einem Streit mit der Mannschaft wurde er mit drei anderen Männern, einem Gewehr, einem Beiboot und einem Netz für den Schildkrötenfang auf einer Insel vor Honduras ausgesetzt. Niemand hat je wieder von ihnen gehört.

## BILDERRÄTSEL

Du bist auf einer einsamen Insel ausgesetzt worden. Irgendwo sind eine Wasserflasche, eine Pistole, ein Messer, eine Decke, ein Kessel und eine Axt versteckt. Kannst du sie finden?

# Sturm und Schiffbruch

**78** **Schiffbruch war der größte Albtraum der Piraten.** Vor allem in den warmen Gewässern der Karibik konnten sich ganz plötzlich gewaltige Stürme erheben. 1712 fegte ein Hurrikan durch den Hafen von Port Royal und zerstörte 38 Schiffe.

**79** **Stürme konnten hilflose Schiffe auf felsige Küsten werfen.** 1717 war das schwer mit Beute beladene Piratenschiff „Whydah" auf Kurs nach Cape Cod. Ein Sturm drückte das Schiff auf die Klippen. Der Großmast brach, die „Whydah" riss auseinander. Nur zwei Seeleute erreichten lebend das Ufer.

**80** **Es gab nur wenige Möglichkeiten, sich in Notfällen zu helfen.** Wenn ein Schiff undicht war, konnte man es leer pumpen. Lief es auf Grund, warfen die Seeleute schwere Kanonen und Vorratsfässer über Bord. Dadurch wurde das Schiff leichter und lag höher im Wasser.

**81** **Ein Leck im Rumpf musste abgedichtet werden – und zwar schnell.** Der schnellste „Flicken" war ein Segel, das mit Tauen über das Loch gezurrt wurde. So ein Flicken war aber nicht lange wasserdicht.

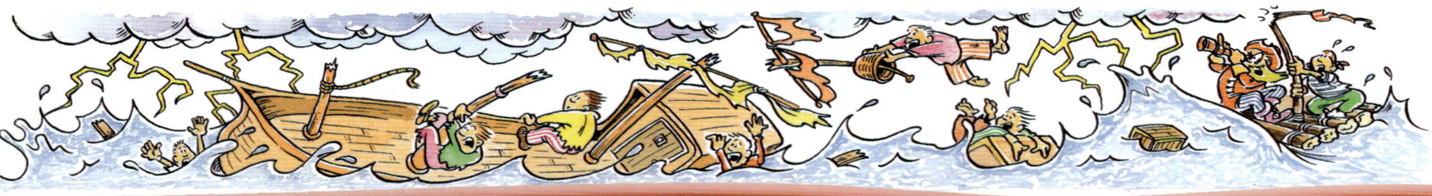

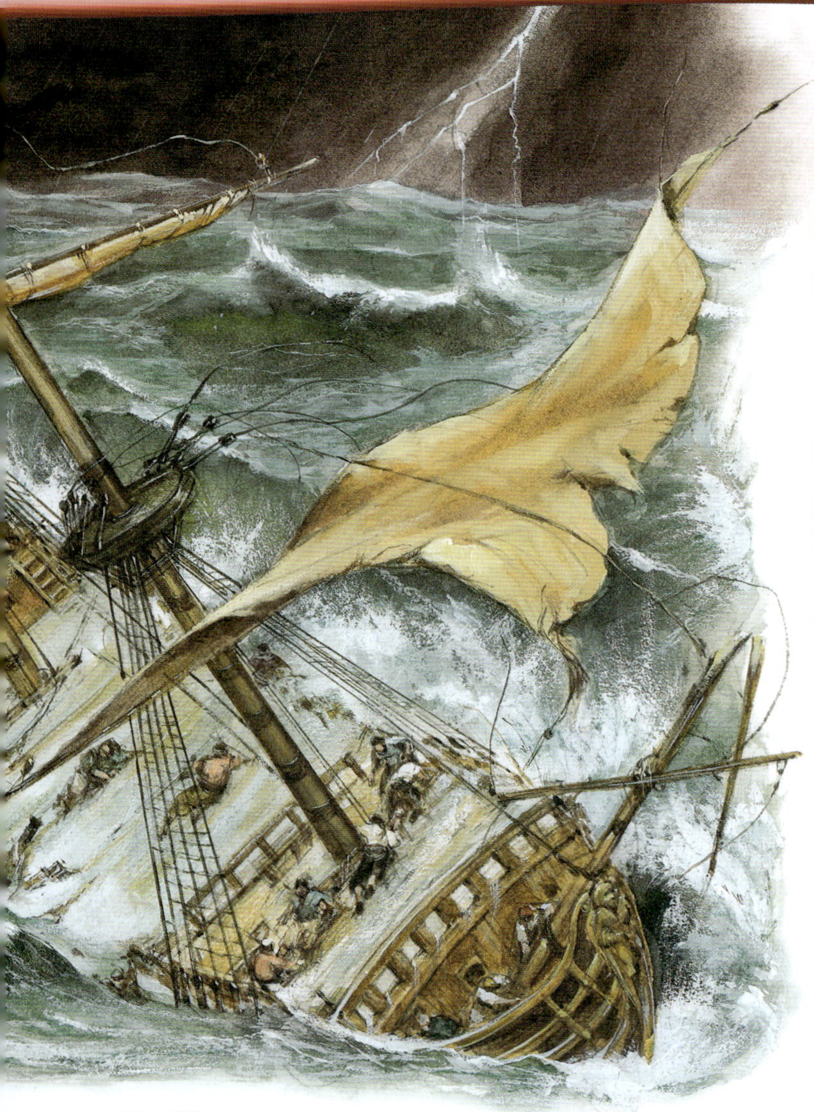

# QUIZ 4

1. Dein Schiff ist auf eine Sandbank aufgelaufen. Wie kommst du wieder frei?
2. Welches Instrument zeigt an, wo Norden ist?
3. Was kann man als Notfall-Flicken für ein Leck verwenden?
4. Nennen zwei Dinge, die man einem Ausgesetzten mitgab.

1. Schwere Gegenstände über Bord werfen
2. Kompass 3. Segel 4. Wasser und Munition

**82** **Um sich auf dem Meer zu orientieren, brauchten die Piraten viel Geschick.** Die Navigationsgeräte waren sehr einfach. Man hatte nur den Kompass zum Ablesen der Fahrtrichtung und den Oktanten oder Sextanten um festzustellen, wie weit nördlich oder südlich er sich befand. Der Rest war Schätzung.

**83** **William Dampier war ein ausgezeichneter Navigator, der dreimal die Welt umsegelte.** Er schloss sich für kurze Zeit den Bukanier von Jamaika an, ehe er aufbrach, um den Südpazifik zu erkunden.

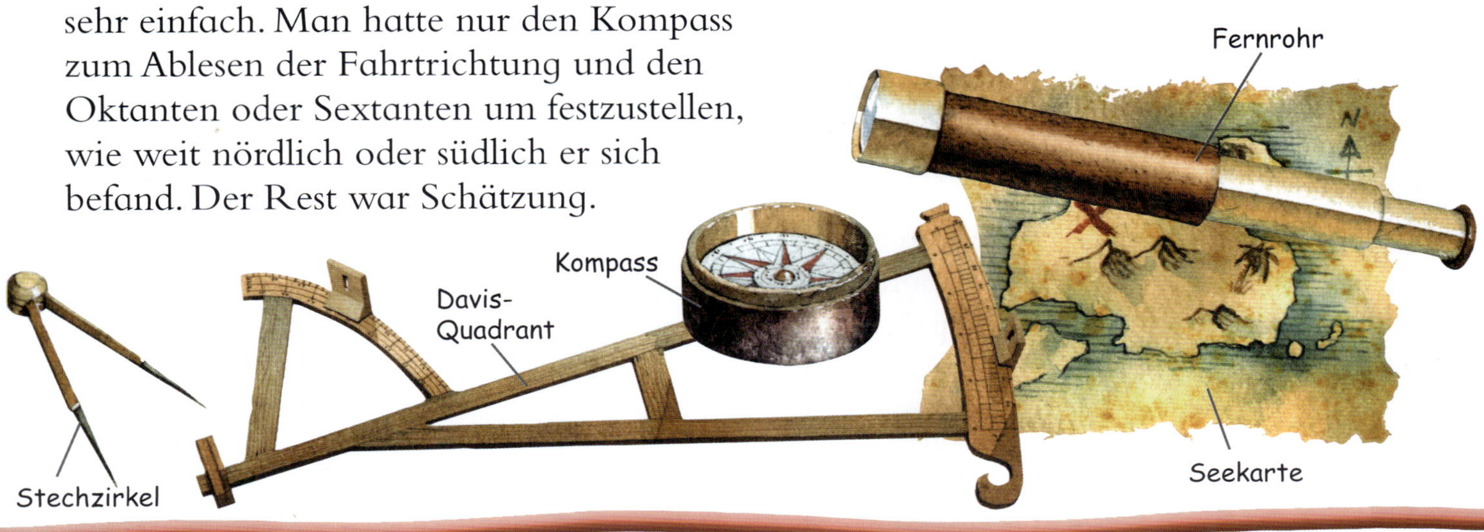

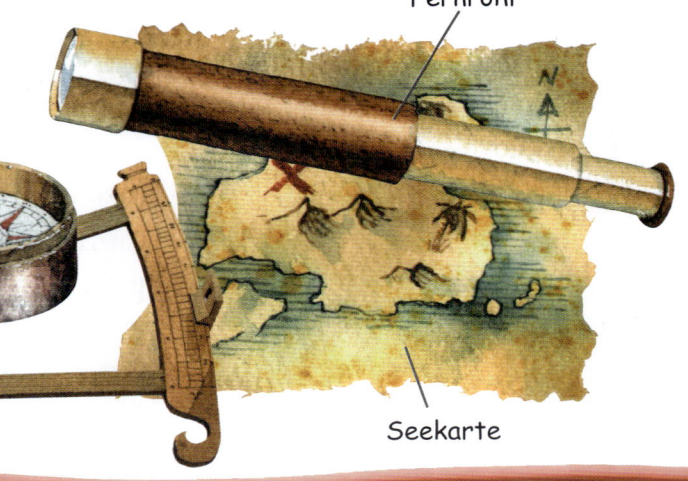

Fernrohr
Kompass
Davis-Quadrant
Stechzirkel
Seekarte

# Jagd auf Piraten

**84** Die europäischen Länder stellten große und schnelle Flotten zusammen, mit denen sie die Piraten von den Meeren vertreiben wollten. Schwer bewaffnete Schiffe kreuzten in den besonders gefährlichen Gewässern. Piraten, die freiwillig aufgaben, wurde Begnadigung versprochen. Und jeder Piraten- jäger bekam eine Belohnung.

# 85

Edward Teach war der größte Schrecken der Meere.

Er war besser unter seinem Spitznamen „Blackbeard" (Schwarzbart) bekannt und sah wirklich grausig aus. Seinen langen Bart flocht er zu Zöpfen, über der Schulter trug er sechs Pistolen. Er steckte sich sogar brennende Lunten unter den Hut. Nur ein Mann hatte keine Angst vor ihm: Marineoffizier Robert Maynard. 1718 stellte er den Piraten, der rief: „Verdammt will ich sein, wenn ich mich ergebe!" Maynard sprang an Bord seines Schiffs und tötete ihn im Kampf. Dann schlug er Blackbeard den Kopf ab und hängte ihn an den Bug seines Schiffs.

## BILDERRÄTSEL

Welche Piraten-Spitznamen fallen dir zu diesen Bildern ein?

1

2

3

4

5

1. Bruder Barbarossa (Rotbart) 2. Francis Drake 3. François „Jambe de Bois" (Holzbein) Le Clerc 4. Grace „Baldy" (Glatzkopf) O'Malley 5. Edward „Blackbeard" (Schwarzbart) Teach

# 86

Die Dampfschifffahrt bedeutete das Ende der meisten Piraten.

Die Marine setzte Dampfschiffe ein, die viel schneller als die alten Segelschiffe fuhren und vom Wind unabhängig waren. Ihnen konnten die Piraten kaum entkommen.

# Am Galgen

**87** Viele gefangene Piraten wurden in Ketten nach England gebracht. Die meisten kamen aber nicht so weit. Man schaffte sie in den nächsten amerikanischen Hafen und richtete sie unverzüglich hin. Nur junge Piraten von 15 oder 16 Jahren wurden begnadigt und freigelassen.

▲ Auf dem Weg zum Prozess und ins Gefängnis waren die Piraten mit Ketten aneinander gefesselt.

**88** In England dauerten die Prozesse nur einen oder zwei Tage. Die Richter verurteilten die Piraten so schnell, um alle einzuschüchtern, die noch frei waren. Schuldig gesprochen wurde, wer eine Kanone abgefeuert, ein Gewehr getragen oder geplündert hatte.

**89** Vor und nach dem Prozess saßen die Piraten im Gefängnis. In London war das Newgate-Gefängnis besonders gefürchtet. Es stank, war schmutzig und überfüllt. Viele Gefangene starben noch vor ihrer Hinrichtung an Krankheiten oder Hunger.

▲ Das Newgate-Gefängnis in London war ein berühmt-berüchtigter Ort.

◀ Dies ist einer der gefürchteten „Hulks". Das waren große Schiffe, die zu alt für die Seefahrt geworden waren. Man baute sie zu schwimmenden Gefängnissen für Schwerverbrecher um.

**91** Die Toten blieben am Galgen hängen, bis die Flut kam und das Wasser sie bedeckte. Nach drei Fluten wurden sie abgenommen und beerdigt oder zur Abschreckung für andere in Käfigen aufgehängt. Einige Tote bestrich man mit Teer, damit sie länger hielten.

## KAUM ZU GLAUBEN!

Nachdem William Duell gehenkt worden war, nahm man seine Leiche vom Galgen und wusch sie. Da bemerkte jemand, dass er noch atmete. Man hängte ihn kein zweites Mal, sondern verbannte ihn nach Australien.

**90** Verurteilte Piraten wurden am Hinrichtungs-Kai in London gehängt. Manchmal dauerte es lange, bis sie starben. William Kidd musste ein zweites Mal aufgeknüpft werden, weil das Seil riss. Um alle abzuschrecken, die vielleicht Piraten werden wollten, stellte man die Gehenkten in Käfigen zur Schau.

▶ In solchen Eisenkäfigen wurden die hingerichteten Piraten zur Schau gestellt.

**92** Die britische Marine zerstörte viele Piratenschiffe. 1849 wurde eine ganze Flotte chinesischer Dschunken angezündet und versenkt. 400 Piraten kamen dabei um. Danach ließ der britische Kommandant die Werften der Piraten zerstören und alle Waffen beschlagnahmen.

# Moderne Piraten

**93** Die Piraterie gehört nicht der Vergangenheit an. Vor allem in der Karibik und im Fernen Osten kreuzen noch viele Piraten. 1992 gab es allein in der schmalen Straße von Malakka zwischen Singapur und Sumatra mehr als 90 Schiffsüberfälle. Die modernen Piraten nähern sich bei Nacht in kleinen Booten und klettern mit Seilen oder Bambusstangen an Bord von Frachtern. Innerhalb von Minuten stehlen sie, was Wert hat, gleiten die Bordwand hinab und verschwinden.

▶ Heutige Piraten gehen ganz anders vor als die Seeräuber der Vergangenheit. Sie sind ganz leise. Sie klettern nicht mit Geschrei und Schüssen an Bord, wie Blackbeard es tat. Stattdessen schleichen sie sich leise an, stehlen und verschwinden fast lautlos wieder.

## 94

**Moderne Piraten benutzen moderne Waffen.** Sie haben Maschinengewehre und schnelle Boote. Sie planen ihre Überfälle mit Funk und Computern.

### LANDKARTEN-RÄTSEL

Kannst du die folgenden Piratengebiete auf der Karte finden?

Karibik

Indischer Ozean

Straße von Malakka

Kap Hoorn

Madagaskar

Kap der Guten Hoffnung

GROSSBRITANNIEN
London
USA
SPANIEN
ATLANTISCHER OZEAN
Karibik
PAZIFISCHER OZEAN
CHINA
Straße von Malakka
INDISCHER OZEAN
PAZIFISCHER OZEAN
MADAGASKAR   AUSTRALIEN
Kap der Guten Hoffnung
Kap Hoorn

## 95

**Noch immer suchen Menschen nach Piratenschätzen.** Von Geheimnissen umwittert ist Oak Island vor der Nordamerikanischen Küste. Seit 1795 drei Jungen eine Grube aushoben und auf eine Holzplatte stießen, sind dort Schatzsucher am Werk. Haben hier vielleicht Kapitän Kidd und andere Piraten ihre Beute versteckt? 100 Meter tiefe Löcher wurden gegraben, doch niemand hat je eine einzige Münze gefunden.

# Legende und Wahrheit

**96** Der bekannteste Pirat stammt aus einem Buch: Long John Silver. „Die Schatzinsel" von Robert Louis Stevenson gehört zu den beliebtesten Abenteuergeschichten. Seit das Buch 1883 erschien, waren zahllose Leser von dem einbeinigen Kapitän Silver, dem verrückten Ben Gunn und dem vergrabenen Schatz fasziniert. „Die Schatzinsel" ist mehrmals verfilmt worden.

▲ Robert Louis Stevenson

▲ Eine Szene aus der „Schatzinsel" von Robert Louis Stevenson. Hier sieht man Long John Silver mit seinem Papagei, den verrückten Ben Gunn und natürlich den Schatz.

**97** Ein anderer berühmter Literaturpirat ist Kapitän Hook. Dieser Bösewicht stammt aus J. M. Barries Buch „Peter Pan". Der Held Peter hat dem Piraten eine Hand abgeschlagen und einem Krokodil zum Fraß zugeworfen. Seitdem trägt Hook statt der Hand einen Eisenhaken.

**98** Unsere Vorstellung vom Piratenleben stammt meist aus Filmen. Seit es das Kino gibt, sind Piratenfilme beliebt. Große Schauspieler haben mitgespielt, darunter Douglas Fairbanks und Errol Flynn, Dustin Hoffman und Mel Gibson. In diesen Filmen scheint das Piratenleben romantisch und vergnügt, doch in Wirklichkeit war es oft hart und brutal.

**99** Piraten tauchen sogar in Comics auf, und oft sind sie gar nicht Furcht erregend. Denk nur an die Seeräuber in den Asterix-Geschichten, die voller Panik fliehen, sobald sie die Gallier sehen – und trotzdem in jedem Buch aufs Neue versenkt werden.

### KAUM ZU GLAUBEN!

1789 wurde die Geschichte des gefürchteten Blackbeard auf der Bühne präsentiert – als Ballett!

◄ So nett wie die fröhlichen „Pirates of Penzance" waren echte Seeräuber bestimmt nicht.

**100** Die unglaublichste Piratengeschichte erzählten Gilbert und Sullivan 1879 in ihrer Operette „Pirates of Penzance". Das waren Weichlinge, die niemals Waisen berauben wollten. Daher behaupteten ihre Opfer, Waisen zu sein.

# Register